Merci Éric
de m'avoir ouvert les yeux sur la mer et les bateaux.

PHILIPPE PLISSON
Peintre de la Marine

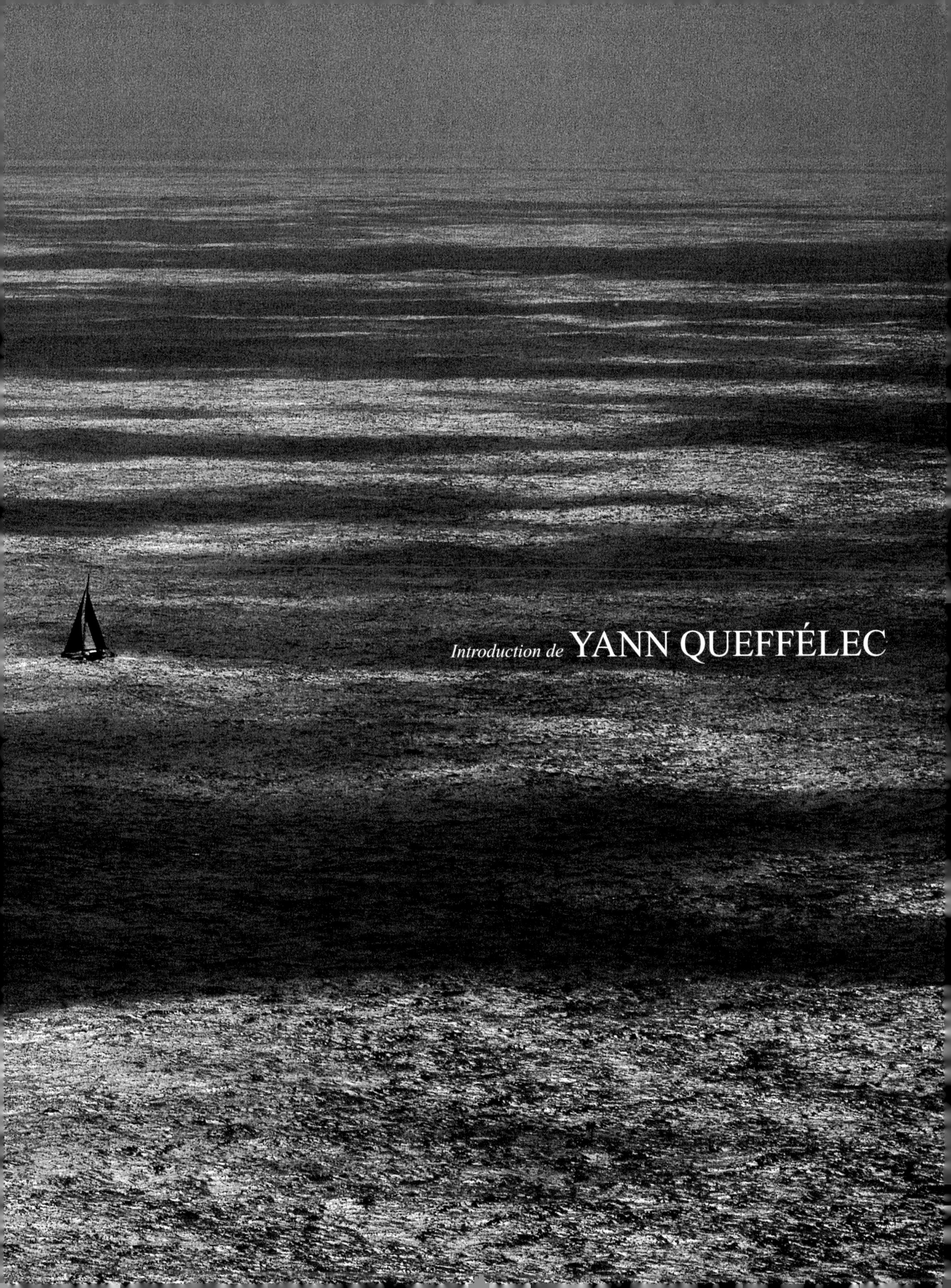

Introduction de YANN QUEFFÉLEC

Textes de ÉLIANE GEORGES

NOIRES

R–MEN

Tendre est la Mer

Vue d'en haut, la Terre est bleue. Comme une orange, il paraît, lumière ultramarine au milieu des quasars et des supernovae. En bas, le fruit se divise en mille et une mers animées par le vent, sujettes à la force lunaire, aux convulsions du magma, à l'erreur humaine, on n'imagine pas à le voir si rayonnant que les avis des plus malins sont partagés sur ce point d'interrogation : qui l'a fait, ce fruit, cette orange ?

Il n'y a pas si longtemps, la Genèse accomplie, Dieu regardait l'eau des mers enlacer les continents émergés la veille. Il voyait s'ébrouer les îles et les caps, c'était bien, c'était bon. Il écoutait rugir les *quarantaines* et babiller les Sargasses. Il descendait se baigner aux Malouines, à la Corne d'or, dans le golfe du Mexique ou dans la baie d'Ajaccio, un jour avec les albatros de Tasmanie, un autre aux Lofoten avec les pingouins, un autre à Long Island, à Land's End, aux Glénans, à Rodrigues, à Sétubal, Macao, Samothrace ou Cardiff, puis il retournait au ciel imaginer la créature après la création. L'enfance du monde allait commencer, l'homme espérer, marcher, trouver l'Océan sous ses pas...

C'est peu dire qu'il s'émerveille à la mer. Il ressent la puissance amniotique du milieu, il perçoit un mystère essentiel aussi troublant qu'un rêve. Dépaysé, non, il ne l'est pas, l'instinct fait battre son cœur. L'horizon, ce fil d'or, il s'en souviendrait pour un peu, où l'a-t-il déjà vu ? L'odeur séminale de la brise, quand l'a-t-il respirée ? Le voilier qui passe, minuscule au bout des doigts, il aimerait l'attraper, il veut tenir la mer dans ses mains, s'y baigner – comme elle est froide ! –, il y revient, il ne peut déjà plus s'en passer. Mouettes, coquillages, cerfs-volants, menue monnaie du sable mouillé, la vie frémit de toutes parts sur la plage et la belle histoire n'est qu'à ses débuts. Il découvre un jour que les bateaux flottent et que le vent les emporte au bout du monde, encore plus loin, patience. Pour l'heure il apprivoise l'élément et tous les moyens sont bons.

Petit, je mordis frétillante une crevette égarée dans une mare. C'était mon devoir, une pulsion de chasseur en herbe. Iam ! J'avais compté sans elle, ma proie. Croquée elle craquait, elle hurlait son agonie dans ma bouche, je courus la recracher à la mer, elle vivait toujours, Dieu merci. Je l'avais blessée, je l'avais sauvée. Mine de rien, j'entrai cet après-midi-là dans la mafia bon-enfant des batteurs de grèves, pirates occasionnels, obsédés par l'aubaine océanique – un jour la marée descendante apportera du fond des âges un trésor, preuve que l'on a raison de farfouiller sous les galets, de rôder à la belle étoile en canot. Parmi les trouvailles de quat'sous ramassées dans mon enfance, il y avait un couvercle émaillé rose, un pigeon voyageur noir de cambouis, une physalie, bestiole étrange, bulle opalescente dont les filaments infusent un puissant narcotique, j'en fus sonné les deux jours suivants. Les rivages du monde entier pullulent de ces galopins aux airs secrets, pour qui les eaux basses sont des cavernes d'Ali Baba. Qu'une fille se montre, ils sont les rois.

Prenons l'Armor, pays du flux et du reflux. Voyons les riverains, cette marmaille amphibie, tournée jour et nuit vers l'ouest. Une belle marée bien vécue vous efface les brouilles de la dernière lune et jusqu'aux pâles heures on voit errer des ombres murmurantes, ombre soi-même – clapotis, lueurs, exclamations étouffées, tendre est la mer.

À la pointe aiguë du socle européen la mer est un lait natal, une ferveur païenne, on se la transmet comme un talisman. Éphémérides, coefficients, solstices, équinoxes, les phases du cycle océanique défraient la chronique à longueur d'année. La grève est un patrimoine impossible à dilapider, une sagesse jamais prise en défaut. Petits, vétérans, boiteux, bonnes sœurs, croque-morts, idiots, tout le monde va pêcher, becqueter, gratter, piocher, trifouiller, racler, ramasser les reliefs du butin. Plus basse est la marée, plus grisante est la fête. On dirait un jour de Pâques imaginé par Dionysos, le vin coule, la manne pleut, les cloches surgies des grands fonds sont venues pondre leurs œufs bariolés à la côte, fortune est faite. On se rue sur la grève libérée du poids des eaux, on piétine à qui mieux-mieux le frotti-frotta des galets chinés d'or, de noir, bleu hortensia, rouge mexicain, vert Nil, livrés en pâture aux Terriens par une lune à visage de fumée, bien visible à quelques pas du soleil. Razzia sur les bigorneaux, les crabes, les crevettes, les praires, les couteaux, les coques, razzia sur les mignardises sucrées-salées des goémons, razzia sur les ormeaux qui finiront cendriers. On monte en petit bateau vers des îles vacillantes, on accoste des rochers cagoulés d'algues noires, on tâtonne à la recherche d'huîtres sous la bouée sifflante. Il suffit de se pencher pour gagner à la tombola. On pêche armé d'une épuisette ou d'une cuiller à soupe, ou tout simplement à mains nues, piquées par les gobies ou les étoiles de mer. On pêche au fusil, au harpon, à la foëne, et, pour quelques minutes encore, on est les chiffonniers d'un décrochez-moi-ça gratis, fourni par l'Atlantique avec le concours du Gulf Stream et de quelques astres bien placés. Le rivage est d'un calme olympien, l'eau bleue dort en contrebas. Elle ne dort que d'un œil, c'est sûr, elle a souvent la chair de poule et ce frissonnement, celui du fauve assoupi, devrait nous alerter. Parfois, venue du Labrador ou simplement d'un navire au large, une élastique ondulation marine enfle et vient rouler à blanc sur le sable qui fait entendre un puissant chuchotis. On avait oublié que la mer bougeait. Un souffle iodé passe, aussi grisant qu'un calumet bourré d'herbes planantes. Il est midi, c'est l'étale, on casse la croûte en vitesse, impatient d'y retourner, l'Océan n'est plus qu'un mirage au fond du ciel dilué, une étendue flasque, vidée momentanément de ses lubies. Entracte lunaire, intermède annoncé, profitons-en. Encore une seconde et le félin va s'étirer, la mer monter – elle monte, elle afflue, elle roule et déroule ses lassos, elle escalade en douceur les barrages des gamins, elle remet les bateaux à flot, frappe les brise-lames, engloutit les ruisseaux, réunit les torrents, gonfle les rivières, mouille les prés-salés et vient fondre à même le museau des chèvres, à se demander chaque fois si c'est aujourd'hui qu'elle reprend possession du domaine et que l'histoire tombe à l'eau.

Lasers, ordinateurs, expédients numérisés, chirurgie par voie géostationnaire, vols supersoniques, crash-box ou balise Argos, rien n'y fait, aucun progrès n'a banalisé la mer dans l'imaginaire humain. Soleil couchant, soleil levant. Le sempiternel troupeau des vagues emportées vers nulle part. Où vont-elles ? Où courent les courants ? Vers d'autres vagues, d'autres courants. De l'eau et du vent.

Vélocité perpétuelle et statique, c'est ça, l'Océan. Un astre entièrement liquide, sans mémoire aucune. Il oublie tout des expéditions qu'il soutient à la surface des flots ou fait disparaître. Il ne sait plus rien du combat des Vénètes ou des quatre cents ans de noria transatlantique pour l'acheminement du *bois d'ébène*, ou des hallucinations du Génois Christophe Colomb louvoyant à la recherche du Nouveau Monde. Où sont Noé, Sindbad, Ulysse, Gargantua, Crochet, Achad, Hatteras, Robur, Nemo, Ned, Long John Silver, le commandant Quigg, où sont William Dampier, Œxmelin – le chirurgien des boucaniers – où Magellan, Diaz et Barberousse ? Pas d'empreintes, pas d'épitaphe millésimée sur la mer. Pour les saluer, ces livres dont les premiers mots sortent souvent d'une bouteille de détresse ou du S.O.S. d'un radio disparu – Melville, Stevenson, Conrad, Montsarrat, O'Brian, Hemingway, Steinbeck, Verne, Segalen, Lowry –, mais aussi les liasses jaunies des amirautés, les rapports de mer. Là sont les *fortunes* insensées du vieil océan. Histoires vraies à dormir debout. On frissonne à l'évocation du *Titanic*, on n'y croit pas ; et pas davantage à la torpille allemande qui coula le paquebot *Lusitania*, le 7 mai 1915, avec 1 200 passagers à bord ; pas davantage à l'agonie du *Normandie* flambant à quai dans le port de New York, en 1942 ; à l'appareillage en catastrophe de l'*Empress of Australia* (de la Canadian Pacific) lors du tremblement de terre de Yokohama, le 23 septembre 1923 ; à la fin du sous-marin *Koursk*, en panne extrême au fond de l'océan Glacial, en septembre 2001 ; aux batailles navales où l'on s'invitait mutuellement à canonner en premier ; à ces grands navires endormis, portés disparus, retrouvés des années plus tard couverts de fleurs, les marins toujours en tenue mais à l'état de squelettes, les uns couchés sur les bannettes, les autres aux postes de navigation, le commandant roupillant à jamais sur son livre de bord ouvert. Drames aux allures de légendes dorées. Ils sont vingt mille Italiens à bord du *Liberty Ship*, vingt mille pioupious rapatriés, la torpille arrive, pronto ! douze rescapés dont le plus jeune, la cuisse broyée. On y croit ? On y croit quand les mutins du transport de vin *Foederis Arca* mangent leurs officiers, puis achèvent à coups de rame le mousse qu'ils ont jeté à l'eau, trop bavard ? Et les milliers d'épaves englouties de par les sept mers ? Les milliards en livres sterling du *Carnatic*, toujours disponibles pour l'amateur ? Les milliards en doublons du galion *Gerona*, jamais remontés ? La coque richissime du *Yongala*, quelque part dans la mer des Serpents ? Rien ne semble réel sur l'eau, rien n'est arrivé, tout s'efface au premier vent. Et les aventures de ces multicoques lancés à trente nœuds dans les solitudes australes, territoire des *éléphants blancs*, ces déferlantes d'un tonnage sans égal autour du monde ? Fabuleux comme ces récits mythiques où des îles hospitalières se trouvent être des poissons géants parés à plonger ; où l'*Œdipus Tyranus*, le tramp initiatique du fils à papa, va tirant sa flemme entre les heures brûlées du zénith ou par le travers de l'Ancien Testament ; où les jours de la grandiose Atlantide sont comptés ; où la petite sirène s'éprend d'une créature superficielle de l'espèce aérienne – un jeune homme s'il vous plaît ! Où Jonas s'éclaire à la bougie dans l'estomac d'une baleine ; où l'extravagance est la juste mesure du sortilège océanique. Avec la mer on est au pays des merveilles, des Alice à queue de poisson, des mérous en retard, des chapeliers délirants et des terriers subaquatiques ouvrant sur les ciels jamais vus du futur. Qui résisterait à cet appel ?

Aussi fort que la peur, le désir édénique d'aller sur l'eau. Là-bas on est heureux. La vague, cette immense créature, on a tout loisir de l'hypnotiser. La vue s'étend loin dans ce bloc d'émeraude où des horizons obliques, par dizaines, convergent sur un point qu'il faut s'abstenir de fixer trop longtemps, car tôt ou tard la vague se met à déferler, c'est là sa vocation, son orgasme et sa plénitude, aussi vrai que le déraillement du train l'est pour quelque farceur démoniaque embusqué dans l'univers. Pas un instant la vague n'hésiterait à massacrer le voyeur que vous avez été une seconde de trop. Sur les grands cap-horniers, le marin surpris à se retourner pour scruter la déferlante au fond des prunelles, était pendu. De l'eau et du vent, d'accord : mélangés avec le regard humain, c'est un poison. Pas toujours il est vrai. La mer est aussi murmure et monotonie. Bercé d'un roulis vers l'autre, on oublie tout danger. On est dans un nid, dans un ventre, une étoile, par-delà le miroir labyrinthique de Lewis Carroll. On vit à l'instinct, parfois bon conseiller, parfois non. Un soir, dans un fjord du cap Nord où les soleils de minuit faisaient s'entrechoquer les points cardinaux, je me laissai tomber au cœur d'une eau qui mélangeait l'ébène et l'or, et ressortis métamorphosé, lavé de toutes mes présomptions, fort comme le froid. Un vrai Viking. Dans la nuit, la fièvre monta à quarante et le bateau faillit s'échouer. Les Vikings ne sont pas des phoques et la réalité prime l'orgueil à tout coup. Bien reçu.

Car fatigue et lutte inégale avec l'élément dérèglent l'entendement d'un homme au large. A fortiori s'il n'a personne à qui parler, s'il fait nuit et qu'il dort les yeux ouverts à la barre d'un voilier. Il parle à ses mains, il parle à ses pieds, il parle au bateau. Il parle aux chérubins de la rose des vents, assis en rond sous le dôme du compas. Il parle à tous ceux qui veulent bien l'écouter : au grand-père qu'il a perdu quelque vingt ans plus tôt, venu spécialement tailler une bavette avec lui, dans ce cockpit où la lune a des lèvres rouges ; à des filles qu'il n'a jamais approchées, à celle qui l'attend au bout des flots, peut-être, il se risque à les embrasser, gare aux embardées, mesdames ! L'écume le frappe au visage, il se remet à soliloquer pour de petits nuages à face d'Halloween, Napoléon, Pinocchio, Babar ou David Crockett. En général il n'est pas mécontent de ce qu'il trouve à dire, il a l'impression que sa voix monte au ciel et va trinquer en un tchin intersidéral avec la plus éloignée des comètes, et s'il existait à bord des voiliers le *voice recorder* des aéronefs, on découvrirait un charabia dont la traduction donnerait, à peu de chose près : « JE SUIS VIVANT ! »

La Mer, au fond, l'humanité l'a dans la peau, depuis le temps. Depuis la colombe au rameau d'olivier. Douce, salée, l'eau nous ressemble et nous identifie. D'où vient que le doute s'insinue ? On apprend que la nature, inexorable apparemment dans ses rythmes et retours, est en danger. Périssable, l'Océan. Les sables d'Aral ont perdu les deux tiers de leurs flots, ports à sec, cargos échoués, cimetière marin sans mer. L'Atlantique subit régulièrement le toxique épanchement des pétroliers cassant comme du verre ; en Méditerranée la santé du milieu pâtit des effluents industriels ; en mer de Barents les déchets nucléaires sont un rebut sans protection ; golfe arabo-persique, détroit d'Ormuz, golfe d'Oman ne sont pas mieux lotis ; en 2000, le grand Océan – Pacifique – fut assombri plusieurs jours durant par un nuage aussi vaste que lui, venu du Brésil où la forêt du Mato Grosso flambait. Il n'est pas de mer aujourd'hui, quelle que soit l'ampleur de ses tornades, ou la profondeur de ses gouffres, ou la puissance de ses lointains, qui n'absorbe peu ou prou les poisons d'une époque encline à fermer les yeux sur ses torts. Quelque cent trente millions d'années en amont, les aberrations climatiques existaient déjà, d'accord, la terre naissait violemment, les volcans salins tempêtaient au fond des gouffres, la lithosphère avait du jeu, les côtes se disloquaient, les îles sombraient, les dinosaures mouraient de froid, et l'homme n'y était pour rien. Mais depuis... Depuis l'histoire industrielle est passée, il s'inquiète. Et si c'était moi ? pense-t-il à propos du réchauffement des saisons. Si c'était moi les banquises arrachées, la montée du niveau des eaux, la mélancolie des orques ? Si les glaciers fondaient par ma faute ? Si demain la mer partait en fumée, si le bleu s'éteignait dans la nuit ? Choc, vide, éclatement, néant, voilà ce qu'il craint d'échafauder à la longue. Les adieux forcés d'un monde où, bon an mal an, nous voulions nous doter d'une histoire sans fin, retrouver nos origines au bout du compte, dans un jardin primordial intact, voire embelli par l'œuvre humaine. Intact, il ne l'est pas, mais la mer porte beau, bleue contre vents et marées, à savoir contre nous. Stigmates ou cyanose, elle n'exhibe jamais rien d'alarmant, comme insensible aux divers maux dont les scientifiques ont relevé l'évolution. Apparemment rien n'a changé depuis l'époque où, la Genèse accomplie, Dieu venait se baigner ici-bas : les Cyclades voguent, la Sicile brille, Ouessant rougit de crépuscule et Key West attend l'aurore. *Mer belle*, peut affirmer la météo. À suivre…

YANN QUEFFÉLEC

F6001

DAM ARAOK
AURAY

PLACIDA
BAYONNE
BA 487111

LAVE-AUTO
GHISLAIN GUY

MOTEL BELLEVUE
Esso
SOUVENIRS ARTISANAT
ARTISANAT
TONY
JANATA

km
Moscó
3310
MOSCOW
Bealach Bhéara
THE BEARA WAY

Oileán Baoi
DURSEY ISLAND
Bealach Bhéara
Nua Eabhrac km
NEW YORK 5280

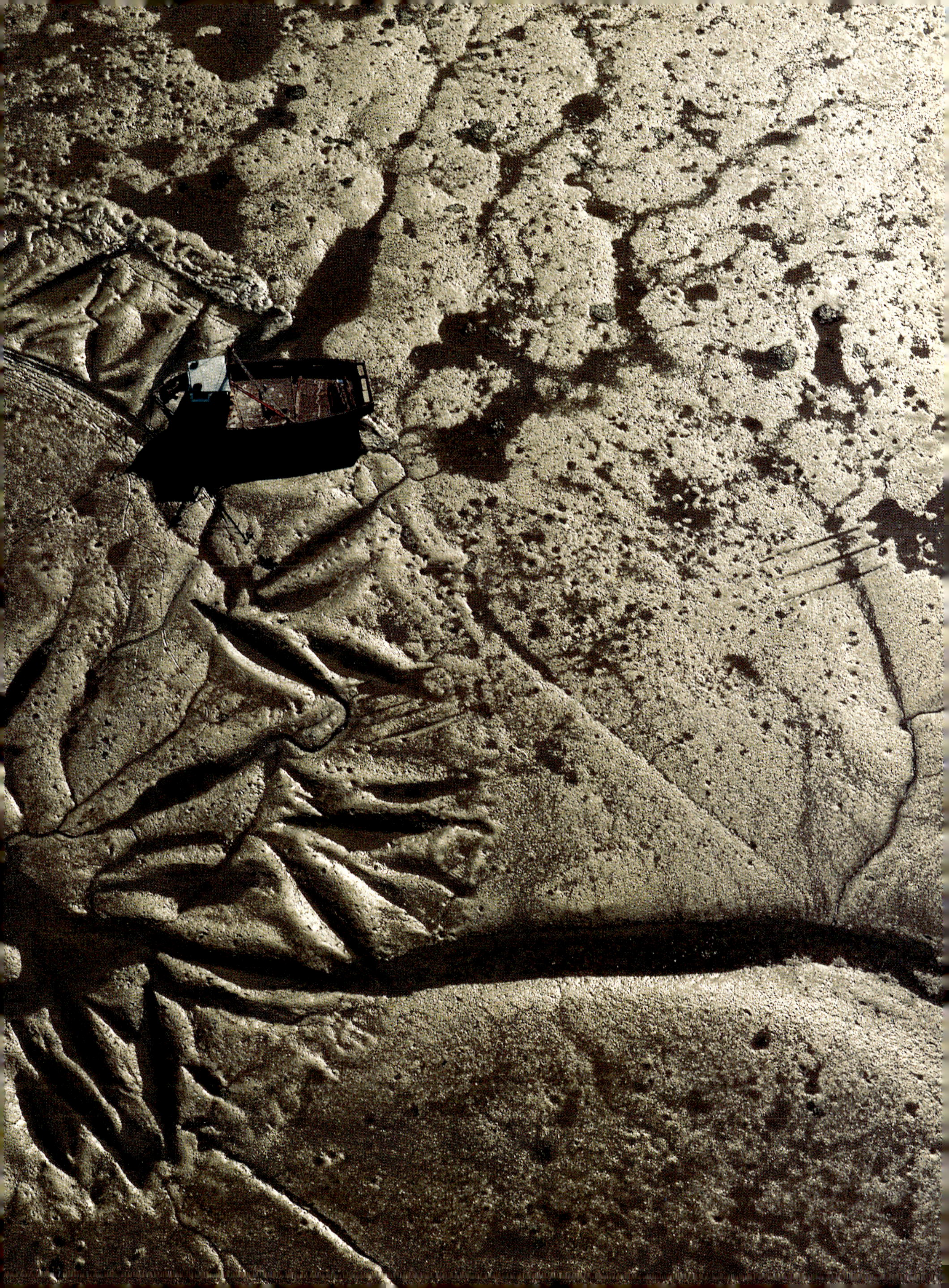

Au péril

C'est pas l'homme qui prend la mer
C'est la mer qui prend l'homme
Renaud

L'écrivain breton Anatole Le Braz raconte l'histoire de ce marin qui, par une nuit de tempête, s'était échoué par miracle sur un minuscule récif, après l'engloutissement de sa barque… La côte était si proche qu'il voyait se découper dans les fenêtres l'ombre des gens vaquant à leurs besognes du soir. Il se mit à hurler. Toute la nuit, le malheureux emplit l'estuaire de ses cris. Mais l'une après l'autre, les lumières s'éteignirent. Quand il fut enfin recueilli le matin, épuisé, il n'eut que le temps de mourir entre des bras humains. Que s'était-il donc passé ? Une femme de pêcheur qu'interrogea Anatole Le Braz lui dit ceci : « Oh ! nous entendions bien les appels : ils déchiraient assez la nuit ! Mais à cause de cela même, nous croyions que c'étaient les âmes de l'enfer de Plougrescant qui hurlaient. »
On aura suffisamment dit que la Bretagne est une contrée sans merci. Vieille enclave celtique dans la France, elle s'avance vers la mer et les côtes saxonnes comme un éperon de granit sauvage sur lequel s'échinent les grands vents venus du plus lointain de l'océan. Le rivage est creusé d'entailles profondes qui ont pris le nom d'enfer : enfer de Plougrescant, enfer de Plogoff, enfer de Croix, enfers marins d'où montent, les nuits de tempête, des voix lamentables qu'on n'ose plus croire humaines quand bien même elles le sont, tant les ténèbres, ici, appartiennent à ces milliers de marins qui ont sombré corps et biens. Autour de la pointe du Finistère, la bien-nommée (« là où finit la terre ») – mais dans la langue bretonne on dit aussi *Penn ar bed*, la « tête du monde » –, la mer d'Iroise, sollicitée par les puissants trains de houle qui ont traversé l'Atlantique d'ouest en est, se montre souvent d'une navigation difficile. Philip Plisson, qui aime quand « ça bastonne », se souvient d'une tempête vécue sur l'île d'Ouessant, en février 1996, avec des rafales de vent à 215 km/h, à vous rendre fou. Quand les canots de sauvetage, composés de marins pêcheurs bénévoles, sortent aujourd'hui sur ces mers démontées, c'est surtout pour venir au secours de plaisanciers en difficulté. Parfois au mépris de leur vie : en août 1986, on retrouva le canot de l'*Aber-Wrach* fracassé sur des rochers, un filin pris dans l'hélice, les cinq sauveteurs ayant péri. (Et l'on ne peut que déplorer que le budget de la France, pour l'entretien et la maintenance de ces canots de sauvetage, soit dix fois inférieur à celui de la Grande-Bretagne, par indifférence des plaisanciers !) Mais il fut un temps où l'océan réclamait son lourd tribut de « laboureurs de la mer » : il suffit de se rendre près de Paimpol, à la chapelle des naufragés de Pors-Even, toute rongée de lichens, ou au cimetière de Ploubazlanec, pour se souvenir de ce que fut la pêche hauturière en Islande ou sur les bancs de Terre-Neuve, sa rudesse, sa dangerosité, évoquées par Pierre Loti dans son roman *Pêcheur d'Islande*. Sur la lande verte, là-haut, près de la croix dressée comme pour demander grâce, éperdue de chagrin, Gaud Gaos, la jeune épousée, n'en finit plus d'attendre son beau pêcheur de Yann, les yeux fixés sur « cette

grande chose mouvante, mystérieuse, qui attire les hommes et ne les rend plus, et garde de préférence les plus vaillants, les plus beaux». Yann ne reviendra jamais : comme tant d'Islandais, il a sombré avec sa goélette, la *Léopoldine*, quelque part au large du Groenland. Consommant ses noces monstrueuses avec la mer-mort, la grande dévoreuse de vies, l'inconstante, l'inhumaine, l'ennemie intime et envoûtante aux abysses verdâtres et insondables... Cette mer-là qui fera dire à Joseph Conrad, son plus grand et son plus fervent écrivain, cette phrase étonnante : «l'aimer n'est pas bien». Et pourtant, Dieu sait avec quelle passion wagnérienne cet ancien capitaine de la marine anglaise a raconté le péril en mer dans *Typhon* ou *Le Nègre du «Narcisse»*! Aujourd'hui, c'est l'histoire des cap-horniers, plus que jamais vivace, qui nous fait vibrer au souffle de l'extrême. Reprenant l'héritage des capitaines au long cours au temps de la route des épices, les skippers des grandes courses autour du monde ne craignent plus de défier les mers les plus dures du globe, ces «quarantièmes rugissants», ces «cinquantièmes hurlants» (le cap Horn est à 56° de latitude sud environ) où sous le vol des albatros se dressent d'énormes déferlantes, des murailles d'eau bouillonnant en tous sens comme dans une marmite géante, avec pour seuls repères sur la traversée les dents rocailleuses, chargées d'histoires tragiques, des trois grands caps des mers australes, Bonne-Espérance, Leeuwin, Horn. Les marins n'abordent pas sans «une trouille au ventre» ces eaux meurtrières désertées par les trois-mâts et les clippers après l'ouverture du canal de Panamá. Ceux qui ont franchi le cap Dur n'ont pas de mots assez barbares pour en parler. «C'est un gorille qui frappe», dira Bernard Moitessier, après avoir échappé à une terrible tempête. Pris dans le tourbillon de creux de quinze mètres, poussé par une déferlante puissante alors que, sec de toile, il allait à la fuite, son ketch avait planté son étrave dans la vague devant, de l'eau verte jusqu'en haut du mât, menaçant de sancir, cul par-dessus tête, dans une culbute fatale. D'autres l'ont fait, qui n'en sont pas revenus. Alain Colas, Loïc Carradec...Vivre en mer, c'est survivre, flairer toujours le danger, la saute de vent prémonitoire, l'écueil, le renvoi de côte qui fait gonfler la vague démesurément, les traîtrises de la houle. Éric Tabarly, sans doute le marin le plus aguerri de son siècle, a parcouru plus de 300000 milles sur les sept océans qui bordent le monde, en affrontant victorieusement des ouragans d'apocalypse. La mer l'a pris une belle nuit de juin, au large des Cornouailles, alors qu'il se rendait sur son légendaire *Pen Duick* à Fairlie, en Écosse. Juste une houle un peu forte... Il était debout sur le roof à ferler la grand-voile, la bôme l'a projeté dans les vagues. Une semaine plus tôt, il avait célébré les cent ans de son cher cotre, son «gentleman» comme il l'appelait, en se félicitant qu'il lui ait apporté la chance. Lors d'une émouvante cérémonie d'adieu, sa femme dira avec amour, en jetant des fleurs dans l'océan : «La mer l'a pris, elle ne l'a pas volé.»

TKMT

ABEILLE FLANDRE

SOCIETE NATIONALE DE SAUVETAGE EN MER

6424

FROMVEUR

LAGOA
AZUL
A-3294-L

YAMAHA

AD 627846

3.2M
10M
9M
7M
6M

2114

BLU

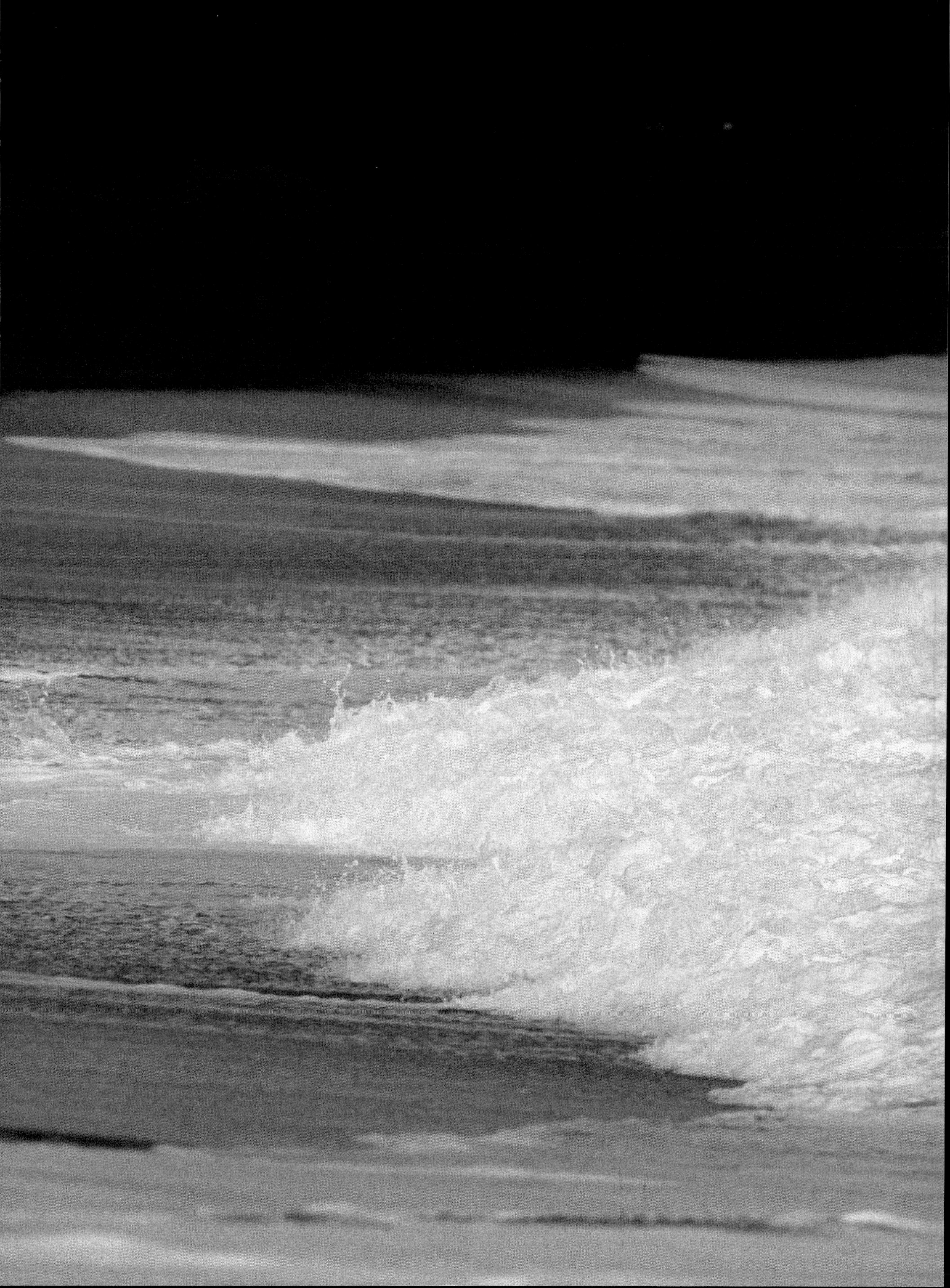

Au vent l'aventure

Oh ! combien de marins, combien de capitaines
Qui sont partis joyeux pour des courses lointaines...
Victor Hugo

Partir. S'en aller là-bas, loin, dans cet infini où s'avale le soleil. Disparaître derrière l'horizon à la rencontre de l'inconnu. Et puisque la terre est ronde, la ceindre de son propre sillage, l'étreindre tout entière en fendant les mers. Depuis l'aube des temps, l'homme en rêve. L'*Odyssée*, la première épopée à la gloire des coureurs de mer, nous raconte que le divin et joyeux Ulysse aurait mis dix ans pour aller des rives de la mer Égée à Ithaque. Certes, ce n'est pas rapide, mais il ne naviguait qu'au portant – remonter au vent était interdit des dieux ! – et notre héros avait le goût des escales prolongées en galante compagnie, la magicienne Circé et la séduisante Calypso peuvent en témoigner. Deuxième circonstance atténuante : à cette époque reculée où le dieu des vents se nichait encore dans les îles Éoliennes, les premiers navigateurs de l'imprévisible Mare Nostrum passaient beaucoup de temps à balancer amphore sur amphore par-dessus bord pour apaiser les monstres des abysses. Oubliée la verve d'Homère, le merveilleux continuera d'enluminer les récits de conquête maritime. Vers le VIe siècle, le moine irlandais saint Brendan navigue vers le Grand Nord en quête du paradis celte. Les poissons de l'océan écoutent ses prêches en rangs serrés, il se retrouve sur le dos d'une baleine qu'il a prise pour une île, mais il finira par longer une « cathédrale de cristal » qui a tout d'un iceberg. Quant aux Vikings, non contents de sillonner l'Europe, ils ont abordé Terre-Neuve et la côte orientale du Canada dès le Xe siècle. Naviguant sans cartes ni boussoles, ils lâchaient un corbeau, et suivaient son vol, pour retrouver la terre. Vers l'an mil, les Maoris sur leurs simples pirogues à balancier, avec une voile en feuilles de palmier tressées, s'élancent aussi des atolls polynésiens pour parcourir le Pacifique, en se fiant à leur connaissance des étoiles ou à la lecture de signes infimes, transmis par la tradition. Ils inspireront plus tard les multicoques modernes. La fin du Moyen Âge voit l'Occident en proie à la fièvre des découvertes. Chimères en proue sous le beaupré, galions et caravelles fendent l'Atlantique, Vasco de Gama sur la route du sud, Christophe Colomb sur celle de l'ouest, à la conquête de nouveaux continents vers l'Orient mythique, grand pourvoyeur d'or, d'épices et de soie. Malgré un équipage décimé par les mutineries et le scorbut – cette terrible « peste de mer » autrement plus meurtrière que les tempêtes –, Magellan fait le premier tour du monde, en passant au sud de la Patagonie par le détroit qui portera son nom, et se fait massacrer aux Moluques. Alléluia ! la terre est bien ronde (Pythagore l'avait déjà dit au VIe siècle avant J.-C.). Ces traversées ouvriront la voie à d'autres conquérants : Bougainville, James Cook, le premier à atteindre en 1773, à bord d'un charbonnier trapu, le cercle polaire antarctique (avant de se faire dépecer aux îles Hawaii), et plus tard Shackleton, Peary ou Charcot qui feront la conquête des pôles. Les puissantes armadas des empires s'affrontent sur les flots, corsaires et flibustiers enflamment la Caraïbe, les Frères de la Côte écument terre et mer, les eaux se teintent

d'or et de sang. La puissance d'une nation se mesure alors à sa maîtrise des mers. On retiendra, de cette période, deux révolutions capitales pour la navigation. Ce n'est qu'au XVe siècle, sous l'influence d'Andrea Doria, un amiral génois au service du pape, qu'il est devenu permis de louvoyer, c'est-à-dire d'aller contre la mer et le vent, en tirant des bords au près ; aller contre les éléments, donc contre Dieu, était jusque-là un sacrilège puni de mort. Et il faudra attendre 1795 pour que l'on reconnaisse enfin les vertus du jus de citron (donc de la vitamine C) contre le fléau du scorbut, sauvant ainsi la vie des équipages.
Aujourd'hui, la mer n'est plus l'enjeu de batailles militaires décisives : elle est devenue l'immense terrain d'aventure des skippers de compétition, ces « circumnavigateurs » qui rivalisent de vitesse sur des voiliers de plus en plus performants, et tiennent le monde en haleine lors de sauvetages spectaculaires sur tous les océans du globe, grâce aux signaux lancés par leurs balises Argos. Pionnier d'entre les pionniers, l'Américain Joshua Slocum – lancé dans l'aventure en 1895 – aura été le premier marin à réaliser un tour du monde en solitaire en barrant sans aucune aide extérieure son *Spray* de 16 tonnes (sans GPS, sans pilote automatique, sans winch électrique, sans enrouleur de voile), ouvrant une voie jusque-là inexplorée. Le journal de bord de ce géant de la voile, sobre, modeste, plein d'humour, reste une bible pour les nouvelles générations. Depuis, les millibars sont devenus des hectopascals, les voiliers rivalisent de matériaux à la pointe de la technologie et se sont équipés d'ordinateurs qui combinent toutes les informations (cartes, météo, etc.). De Sir Francis Chichester à Robin Knox-Johnston, de Philippe Monnet à Titouan Lamazou, en passant par Olivier de Kersauson et Christophe Auguin, dès lors, c'est à qui battra le record de rapidité autour du monde, le dernier étant détenu par Michel Desjoyeaux (93 jours) dans le Vendée Globe 2000. Les grandes courses en solitaire – Golden Globe, Route du Rhum, Vendée Globe, BOC Challenge, Around Alone – ont vu aussi se démarquer des amazones de mer au caractère bien trempé, Florence Arthaud, Isabelle Autissier, Ellen MacArthur. Années de défis, de challenges insensés, d'hécatombes (hélas) pendant lesquelles les marins bretons ont su imposer un style « à la française » : à l'orée du XXIe siècle, ils détiennent la totalité des records océaniques, en monocoque ou multicoque. Philip Plisson a vécu de près cette montée des exploits : en 1982, il a lui-même participé à la course La Rochelle-La Nouvelle-Orléans sur un prao très inconfortable affrété par Guy Delage, et a bien cru y mourir de soif au milieu des eaux. La palme de l'aventure appartiendra pourtant toujours à ces navigateurs de l'extrême qui, sans tambour ni trompette, s'en vont au nord du Spitzberg, entre baleines et icebergs, rêver à la « solitude absolue et bleue du ciel et de la mer ». En quête d'un Graal personnel.

STATSRAAD LEHMKUHL

B.E. CUAUHTEMO
MEXICO

PRESSE

LOUSTIC
Paimpol

4
2
6
8

SM713942

東水

07
44
R.M.O

F. 063
F 147

KZ-7

BRASSERIE
LORRAINE

CRE

www.ledefi.com
Bouygues Telecom

VILLE DE PARIS

ITA-25
ITA-25

enza
new zealand
apples

P&O Containers
Quality
zealand

LYONNAISE DES EAUX
LYONNAISE DES EAUX DUMEZ

LYONNAISE
BREST

l'Hydroptère

21

FUJIC

1999
FUJICOLOR

ITA 45
PRADA
NZL-60
Telecom
NEW ZEALAND
Steinlager
TOYOTA
ONE
LOTTO
NEW ZEALAND

K8

Le regard du goéland

« Le Goéland voit le plus loin qui vole le plus haut. »
Richard Bach dans
Jonathan Livingston le Goéland

En 1991, la Marine nationale française a accueilli Philip Plisson, nommé par le ministre de la Défense, dans le corps très fermé de ses peintres de la Marine, selon une tradition qui remonte à 1635, l'année où fut aussi créée l'Académie française. Le premier embarquement du photographe eut lieu sur le *Colbert*, à Venise, sous le commandement d'Yves de Kersauson, une émotion qu'il n'est pas près d'oublier. Vingt-quatre ans après avoir fini son service militaire comme « matelot sans spé », Philip Plisson montait sur le Croiseur en uniforme d'officier de marine, salué par le sifflet du gabier et une garde d'honneur sur la coupée. Mais la Marine ne s'y est pas trompée : comme J. M. W. Turner et tous les grands peintres de marine du XIXe siècle, ce marin de cœur a l'art de capter la lumière océane la plus diaphane, la plus dorée, la plus tourmentée. En se plaçant de haut, du point de vue de l'oiseau. Au début des années 1990, Philip Plisson a été le premier photographe de mer à faire construire un bateau adapté à la prise de vue maritime. Comme l'oiseau de mer, posé sur l'eau, il s'est mis à regarder la terre. Et peu à peu, il a pris de la hauteur. Assis à l'extérieur de l'hélicoptère, suspendu au-dessus des îles et de la houle, il a le regard du goéland qui embrasse l'infini, mais ce regard est d'une acuité limpide et comme partout à la fois, avec un piqué très exact de la moindre roche, de l'arête luisante d'un phare. Certaines de ses images semblent avoir été prises en vol plané sous l'envergure de l'aile déployée. Avec cette lenteur, ce long surplace aérien et gracieux des oiseaux de mer qui se laissent porter par le vent, avant de crever soudain la surface de la mer pour avaler un poisson. On pense à Jonathan Livingston, ce jeune goéland assoiffé de liberté du roman de Richard Bach, qui voulait voler si vite et si haut qu'il en arriva un jour à s'affranchir de son corps et à être présent partout dans la durée et dans l'espace. Lofant là-haut dans les airs, serrant le vent au plus près, le photographe a ainsi appris à déchiffrer le trait de côte comme les lignes du monde. Pourtant, Philip Plisson n'a pas toujours été ce drôle d'oiseau de mer. Le plancher des vaches, il le connaît bien, ce Solognot de souche ! Il tiendrait même son don d'observation d'un grand-père exploitant agricole qu'il suivait partout, à l'affût, à la chasse, sur l'élevage, dans les forêts de Sologne. Être terrien, vous dira-t-il, ça aide à regarder la mer. Et puis, l'été, le gamin venait dans le petit port de La Trinité, en Bretagne Sud, caboter en famille, s'amusant à godiller dans sa plate autour des superbes yachts et des cotres de légende, comme le *Pen Duick*. Revenu en pension, il en rêvait la nuit, jusqu'à entendre les bateaux au mouillage, le bruit du clapot sur l'étrave. Installé avec femme et enfants définitivement en Bretagne au début des années 1980, grisé de vivre enfin en phase avec la mer, tout absorbé par l'ivresse des courses au large et son admiration pour les grands skippers du moment – Tabarly, Poupon, Pajot, Jeantot... –, il commencera par shooter, au ras de l'eau, les voiliers et les régates. Ne pensant qu'à la vitesse, l'énergie, l'élégance de la plaisance, dans la lignée moderne des Beken of Cowes, en Grande-Bretagne, ou des Rosenfeld de Newport, aux États-Unis, ces familles de portraitistes de yachts dont les grands formats couvrent les murs de sa maison. Peu à peu, la mer l'a possédé. Avec son ciel lourd et plombé, ses gros nuages arrivant de l'Atlantique gorgés d'eau, sa lumière grise, subtile, incertaine. Là-bas, au large, ce coup de vent qui s'annonce… Fasciné, Plisson est tombé en amour avec la Bretagne. La vraie, l'humide, la venteuse, la décoiffée par les tempêtes, la boudeuse sous les grains. Tous les matins, ça lui prend, il faut qu'il aille se rincer l'œil sur le bord de côte pour la respirer, pressentir ses humeurs, sentir ses baisers salés. On deviendrait un météorologiste viscéral pour moins que ça. Drogué de prévisions marines, le marin photographe, lui, parle d'anticipation. Par exemple, cette photo spectaculaire du phare du Four que l'écume éclatée enrobe tout entier comme une fourrure de blancheur. « À un coefficient de marée donné, si le vent tourne du sud-ouest au nord-ouest, il y a des chances que l'Atlantique amène un train de houle assez puissant et qu'il pète de cette manière violente sur le phare. Et moi, ça fait des jours que je guette la météo. Et je suis là depuis six heures du matin, avec mon téléobjectif, à éviter les embruns. Mais ce n'est jamais gagné. Pour vingt secondes de lumière exceptionnelle, on peut attendre des heures. » Plus qu'une passion, une obsession vissée au corps. « On n'en dort plus », dit-il, gourmand, fougueux, entêtant. Philip Plisson avait pour lui d'avoir été formé à la prise de vue en studio et au sens de la lumière. Aujourd'hui, il s'est donné les moyens de se déplacer entre ciel, mer et terre dans ce magnifique studio naturel que constitue l'océan au gré de ses humeurs. Il se concentre sur les masses d'eau en mouvement, houle longue ou mer croisée, fracas des vagues éclatées quand le vent fraîchit, éclaboussures et poudre d'eau où se noie le soleil. Il aime ce remous d'eaux primordiales, les tombants obliques qui évoquent puissamment les forces élémentaires de la Création. En sustentation sur le gouffre liquide, comme perdu au milieu de nulle part, l'œil du goéland perçoit le pinceau de soleil qui jaillit soudain d'un ciel de traîne pour éclairer un chalut solitaire. Ou les percées de lumière aveuglantes dans la bruine au large. Avec le temps viendra aussi le registre de la douceur et de la féerie. L'heure bleue d'un crépuscule mystique sur le Loch Ness en Écosse, les reflets d'argent dessinant au fusain un cimetière marin de thoniers dans la vasière du Blavet, ou encore ces longs temps de pause sur les rochers de Clare Island, en Irlande, qui les font flotter, presque translucides, dans une brume irréelle. Magie celtique. On croirait entendre la voix mouillée des cloches d'Ys, les soupirs étouffés de Tristan et Yseult pleurant d'avoir bu le philtre d'amour, l'écho mélancolique du cor d'Arthur… un lamento marin lancinant surgi des profondeurs du passé. Ces visions-là, parfois irradiées de lumière, ont un grain qui les rapproche du tableau pointilliste d'un Seurat. Une approche que Philip Plisson approfondit aujourd'hui dans ses pyxographies – un travail personnel de l'image numérique, une nouvelle écriture entre peinture et photographie – exposées dans sa galerie de La Trinité. Le Peintre de la Marine n'a pas dit son dernier mot.

Légendes

p. 2-3 Risée. Vol au-dessus d'un cormoran en fin de journée.

p. 4-5 Vendée Globe. Ciel de traîne sur l'Atlantique après le départ du plus éprouvant challenge autour du monde, en solitaire et sans escale.

p. 6-7 Le roi des phares. Cordouan, dans l'embouchure de la Gironde, est depuis 1664 le seul phare classé monument historique de notre patrimoine pharologique.

p. 8-9 Raz de Sein. Les pêcheurs professionnels de bar dans les déferlantes jouent à rase-cailloux et avec leur vie.

p. 10 et 15 Les feux de mer. Les Pierres noires, Ar-Men, La Jument, Kéréon sont les phares qui éclairent la mer d'Iroise, à l'extrême ouest de la Bretagne, là où finit la terre.

p. 11-14 Cap Horn. Les trains de houle sont soutenus en permanence par les violentes dépressions qui s'enchaînent comme un chapelet.

p. 16 Phare de Kéréon. Le gardien est absorbé par sa lecture.

p. 22-23 Bayonne. La plus grande plage d'Europe, là où les vagues du golfe de Gascogne viennent mourir après avoir traversé l'Atlantique Nord.

p. 24-25 Biarritz. Ici, la houle du large fait partie du paysage et de la culture, on en joue et on en vit.

p. 26-27 Brisants. Avec le temps et l'expérience, les hommes ont su réaliser des ouvrages pouvant résister aux assauts répétés des vagues.

p. 28-29 Pêche à pied. Une activité très populaire dans la baie de Cancale, les jours de forts coefficients.

p. 30-31 La dune du Pyla est un accident géologique de 2 700 m de long et 500 m de large pour une hauteur de 104 m. Alimentée par les vents de sable venus du banc d'Arguin, elle se déplace de 4 m par an.

p. 32-33 Molène. Même à la retraite, le marin a toujours les yeux tournés vers la mer.

p. 34 et 39 Jeux de plage. Ils ont évolué avec le pouvoir d'achat. À gauche, la plage de la Torche dans le pays bigouden, à droite la plage de Valparaiso au Chili.

p. 35-38 Mont-Saint-Michel. Basse mer sur la baie aux grandes marées. C'est, après la baie de Fundy en Nouvelle-Écosse, le site où le marnage est le plus fort sur la planète Terre.

p. 40-41 Venezuela. Jeune pêcheur dans l'estuaire de l'Orénoque.

p. 42-43 La Baule. Le bain de mer est une spécialité locale, qui s'est beaucoup développée à partir des années 1950 avec les congés payés.

p. 44-45 La baie du Mont-Saint-Michel est le premier site mytilicole de France. Avec 300 km de bouchots, les producteurs du Vivier-sur-Mer pêchent et commercialisent entre 10 000 et 12 000 tonnes de moules par an.

p. 46-47 Mauritanie. Petit à petit, la mer se retire de Nouadhibou. L'ancienne flotte de pêche du banc d'Arguin s'ensable au rythme du phénomène.

p. 48-49 Sénégal. Retour de pêche, tous les après-midi, sur les plages de Dakar.

p. 52-53 Le vent a tourné. Les risées contrarient le train de vagues et font voler la mer en vapeur d'eau.

p. 54-55 Lumière. Un pinceau de soleil perce la couche dans une traîne active.

p. 56-57 Gros temps. De jour comme de nuit, les patrons de pêche se doivent de retrouver, au milieu des cailloux, le chenal du port d'attache.

p. 58 et 63 Passion. Ces deux images illustrent parfaitement la passion du photographe : les yachts d'exception comme *Oiseau de Feu* et les phares en mer comme Le Four.

p. 59-62 Les dents de la mer. En Galice, c'est au milieu des déferlantes et aux pieds des roches que l'on assure sa pêche.

p. 64-65 Golfe du Morbihan. À mi-marée, les ostréiculteurs sont au travail pour retourner les poches d'huîtres ou déplacer les tables.

p. 66-67 La chaussée de Sein. Elle est signalée dans l'ouest par le phare d'Ar-Men allumé en 1881. Ce phare est surnommé « L'Enfer de l'enfer » par les hommes des Phares
& Balises.

p. 68-69 Baie de Quiberon. Ici les huîtres sont élevées sous la mer, ce qui oblige l'ostréiculteur à se rendre au-dessus de ses parcs par tous les temps.

p. 70-71 Extrême. Traverser l'Atlantique sur un prao, entre La Rochelle et La Nouvelle-Orléans, c'est trente jours de douche salée assurés.

p. 72-73 Douarnenez. L'armada de Brest 1996 quitte, au petit matin, Port-Rhu sous un grain. En tête, une yole canadienne armée de cirés jaunes.

p. 74-75 Saint-Jean-de-Luz. Les jours de gros temps, la passe paraît étroite même pour des marins basques avertis.

p. 76-77 À la côte. Fin août, avec le retour des marées d'équinoxe, les premiers coups de chien annoncent l'automne et sollicitent les mouillages
jusqu'à mettre les bateaux à la côte.

p. 78-79 La Rochelle. 24 décembre 1999, la tempête historique a touché le port des Minimes.

p. 80-81 Québec. Aux îles de la Madeleine, la flotte de pêche au homard hiverne à l'abri des glaces du Saint-Laurent.

p. 82 et 87 Amer. À l'extrême sud-ouest de l'Irlande, à la sortie de la baie de Bantry, un clin d'œil à la mémoire de l'immigration.

p. 83-86 Irlande du Nord. Tout près de Bushmills, la Chaussée des Géants est un phénomène naturel exceptionnel : une éruption de 37 000 colonnes de basalte sculptées par l'érosion comme un immense nid d'abeilles.

p. 88-89 Vague à l'âme.

p. 90-91 Île d'Ouessant. La tempête a soufflé toute la nuit. Les premiers rayons de soleil mettent en scène le spectacle à la pointe de Créac'h.

p. 92-93 Pays basque. Les derniers contreforts de la chaîne des Pyrénées, côté espagnol, viennent mourir ici, dans le golfe de Gascogne.

p. 94-95 Baie de Lampaul. La croix de saint Matthieu sous une lumière divine.

p. 96-97 Phare de Kéréon. Théo Malgorn fait le tour de l'optique, en fin de journée, avant l'allumage.

p. 98-99 12 M JI. *Columbia*, le vainqueur de la première Coupe de l'America de l'après-guerre en 1958, fait connaissance, pour sa première sortie en Europe, avec les grains printaniers en Charente-Maritime.

p. 100-101 Ombre-lumière. Quand le gréement se reflète, c'est la mer qui change de voilure.

p. 102-103 Empreinte. Au mouillage, ce chaland ostréicole a marqué sur la vase son rayon d'évitage au rythme des courants et des vents dominants.

p. 104-105 Plaisance. À chacun ses plaisirs.

p. 106 Carguer la toile. À bord de l'*Esmeralda*, le bâtiment-école de la Marine chilienne.
p. 111 Lorient. La flotte des thoniers de Groix se consume dans l'estuaire du Blavet au rythme des marées.

p. 107-110 Irlande. Avis de tempête sur la péninsule de Mullet dans le comté de Mayo. Dans ces conditions de vent, aucune présence humaine pour apprécier l'échelle de la fureur des éléments ce 17 janvier 1999.

p. 112-113 Régate. Ombre-lumière sur la flotte du spi *Ouest-France*, le week-end pascal. Depuis vingt-cinq ans, plus de cinq cents bateaux se retrouvent à La Trinité pour la grand-messe de la voile populaire.

p. 114-115 Pornichet. Noël 1999, les bénévoles s'organisent spontanément de Belle-Île à Noirmoutier pour combattre la macabre vague graisseuse du pétrole de l'*Erika*.

p. 116-117 Guérande. L'été, en fin de journée, les paludiers jouent du « las » pour récolter le sel cristallisé par le soleil.

p. 118-119 Irlande. À Achill Island, un subtil pinceau de lumière illumine la baie à la manière du peintre Turner.

p. 122-123 Île de Molène. Retour du canot tous-temps dans le passage du Fromveur un après-midi de gros temps.

p. 124-125 Île d'Ouessant. Le canot tous-temps *François Morin* au large de la pointe de Pern. Une sortie juste pour le bonheur du photographe.

p. 126-127 Mer d'Iroise. Le remorqueur *Abeille-Flandre* patrouille sur le rail d'Ouessant prêt à intervenir par tous les temps pour prévenir, dans la mesure du possible, les désastres du passé.

p. 128-129 Île de Sein. Le canot tous-temps *Ville de Paris* en assistance dans le raz de Sein.

p. 130 et 135 Îles d'Aran. Dans le Connemara, les trains de vagues de l'Atlantique Nord déferlent sur Inisheer.

p. 131-134 Belle-Île-en-Mer. Avis de coup de vent sur la pointe des Poulains. Il est midi ce 24 novembre 1996, le vent souffle à 130 km/h. Un 500e de seconde qui fera le tour du monde.

p. 136-137 Route Pêche. Un chalutier lorientais fait route sur ses terrains de pêche.

p. 138-139 Frégate. *Le Germinal* prépare un ravitaillement à la mer avec le porte-hélicoptères *La Jeanne d'Arc*.

p. 140-141 Le Conquet. Le courrier *Fromveur* passe quotidiennement par tous les temps ou presque pour assurer la liaison entre le continent et les îles de Molène et d'Ouessant.

p. 142-143 Portugal. Départ pour la pêche sur le littoral de Beira. Ces bateaux traditionnels sont encore remontés de la plage avec le concours de bœufs attelés.

p. 144-145 Raz de Sein. Pêche au bar dans les courants sous le phare de la Vieille.

p. 146-147 La cape. La frégate *Latouche-Tréville* à la cape par gros temps au large de Brest.

p. 148-149 Fortune de mer. Les conséquences d'une mauvaise estimation. Savoir entretenir le doute pour prévenir.

p. 150-151 Plogoff. C'est toujours dans des conditions périlleuses que les ligneurs de bar ont des chances de faire les plus belles pêches.

p. 152-153 Aquitaine. Coucher de lune sur la côte entre le sable des Landes et l'océan Atlantique.

p. 154 et 159 Tradition. À bord de ces vieilles dames, ça respire bon le chanvre et le calfat.

p. 155-158 Connemara. Dans le petit port de Gorunna Island, c'est la fin de saison pour les traditionnels « hookers ». La flotte attend d'être désarmée pour l'hiver.

p. 160-161 Côtes-d'Armor. Le phare des Héaux de Bréhat vu de Ploumanac'h.

p. 162-163 Mer du Nord. Plates-formes de forage sur la faille pétrolifère à mi-chemin entre la Norvège et l'Écosse.

p. 164-165 Méditerranée. Un orage à bord du *Belem* entre Corse et continent.

p. 166-167 L'homme de barre. Fin du quart de nuit, les odeurs de café et de pain frais remontent jusque sur le pont pour annoncer la relève.

p. 168-169 Douarnenez. La nuit est tombée sur Port-Rhu. La grande fête des bateaux de tradition, ce 14 juillet 1992, ne laisse pas présager que, quelques mois plus tard, ce site magique ne survivra pas.

p. 170-171 Morbihan. Le cimetière marin du Bono. C'est ici que sont venus mourir les forbans du golfe.

p. 172-173 Le Guilvinec. La flotte de pêche est de retour tous les jours vers 17 heures pour la criée. Ces bateaux approvisionnent la vente des légendaires langoustines du pays bigouden.

p. 174-175 Irlande. Clare Island, le petit phare éclairé, est désarmé et transformé en *bed and breakfast* pour le plus grand plaisir des connaisseurs de sites uniques.

p. 176-177 Dauphin pilote. Le regard attendri de cette étrave semble s'amuser des jeux aquatiques de ce dauphin commun.

p. 178 et 183 Saint-Nazaire. Les chantiers de l'Atlantique-Alstom, n° 1 dans le monde pour la construction navale des paquebots de luxe.

p. 179-182 Rochefort-en-Mer. En 1778, dans l'arsenal de Rochefort, l'*Hermione* était mise en construction. Aujourd'hui, l'association Hermione-La Fayette s'est lancée dans une formidable aventure : la reconstruction à l'identique de la frégate *Hermione*, navire, qui, en 1780, permit à La Fayette de rejoindre les insurgés américains en lutte pour leur indépendance.

p. 184-185 Œuvres vives. Fin de carénage pour ce supertanker en bassin de radoub. Il ne reste plus que deux fois 250 mètres de flottaison à aligner… avant la mise en eau.

p. 186-187 Brest. Un SNLE (sous-marin nucléaire lanceur d'engins) en « hyper » (grand carénage) à l'île Longue. Ce site est certainement le plus sensible de notre force de dissuasion.

p. 188-189 Toulon. Derniers catapultages de super-étendard à bord du *Clemenceau*, porte-avions retiré du service actif après plus de trente ans d'opération sur toutes les mers.

p. 190-191 Une alouette III vient de quitter le pont de *La Jeanne d'Arc* pour une mission de reconnaissance au large de l'Argentine.

p. 192-193 Claymore. En juillet 1988, la plate-forme Piper Alfa en mer du Nord s'enflamme, faisant 167 morts. La plus grande catastrophe de l'histoire de l'offshore. Aujourd'hui, les installations sont séparées : d'un côté, l'extraction, de l'autre, la production.

p. 196 et 197 Channel. Ces deux phares se font face de chaque bord de la Manche : Start Point en Cornouailles anglaise, La Jument en mer d'Iroise.

p. 198-199 À l'extrême ouest du continent européen, sur l'île de Ouessant, se dresse le phare de Créac'h. Ce phare de 55 mètres de haut est le plus puissant du monde. Par beau temps, son faisceau peut porter sur l'horizon jusqu'à 70 km.

p. 200-201 Saint-Martin. Ce phare fut construit en 1834, avant que l'on décide que les phares français devaient ressembler à des châteaux forts. Il est le monument le plus attractif de la ville lumière de Biarritz.

p. 202 et 207 L'île Vierge. Avec ses 82 mètres, ce phare allumé en 1902 est le plus haut d'Europe. L'intérieur est tapissé de 12 500 plaques d'opaline autour de son escalier de 397 marches.

p. 203-206 Nouvelle-Zélande. Le phare de Cape Reinga marque, pour le navigateur, l'atterrissage nord d'un monde où la nature maîtrise encore l'homme.

p. 208-209 Tévennec. Entre l'île de Sein et le continent, ce phare construit en 1875 subit, en permanence, les assauts de l'océan. Cet enfer fut gardé jusqu'en 1910 pour le plus grand malheur de ses occupants.

p. 210-211 Construit en 1916, grâce au don de la nièce de M. Le Dall de Kéréon, ce phare de 50 mètres de haut n'est toujours pas automatisé pour le plus grand bonheur des hommes qui le veillent.

p. 212-213 Phare nu. La Vieille a été automatisée le matin du 5 septembre 1995. Depuis, son feu continue de baliser, sans faiblesse, le passage du Raz de Sein. Toutefois avec moins d'émotion pour le navigateur qui chenale si près.

p. 214-215 Cabo Silleiro. Ce phare marque la frontière entre la Galice et le nord du Portugal. Son gardien, Manuel Exposito Alvarez, entretient amoureusement cette gigantesque lentille de Fresnel.

p. 216-217 Les Roches Douvres. Dans le projet de reconstruction de 1952, les ingénieurs des Ponts-et-Chaussées avaient imaginé un ascenseur. Le phare le plus éloigné du continent français a été automatisé en 2001. L'ascenseur ne sera jamais installé, faute de crédits.

p. 218-219 Gibraltar. Le phare d'Europa Point, construit en 1841, est aujourd'hui sur une colonie britannique. La mosquée, toute proche, rappelle que l'Europe se termine ici : de l'autre côté du détroit, c'est l'Afrique.

p. 220-221 Portofino. Certainement l'escale la plus raffinée du golfe de Gênes, pas surprenant que les yachtmen italiens aient choisi cette perle pour organiser le rassemblement des plus beaux voiliers de tradition.

p. 222-223 New York. Sur l'Hudson River, les terminaux des transatlantiques sur fond de Manhattan ont connu leurs heures de gloire jusque dans les années 1960. Ils éveillent aujourd'hui l'intérêt des investisseurs pour une nouvelle vie.

p. 224-225 Adriatique. Dans le Monténégro, « les bouches de Kotor » sont le fjord le plus méridional d'Europe. Les îlots Gospa de Skrpjela et de Saint Georges, habités par des prêtres orthodoxes, flottent tels des navires.

p. 226 et 231 Quand la mer se fait artiste…

p. 227-230 Sainte-Lucie. Visible depuis la Martinique, cette ex-colonie britannique a conservé une véritable identité caraïbe, à l'écart et contre son gré, du développement touristique de la région.

p. 232-233 Le petit atoll de Sho est un lieu de pêche appréciable pour les professionnels de l'île d'Okinawa. Impossible de débarquer même pour la visite mensuelle du phare, qui se fait en hélicoptère.

p. 234-235 Connemara. Sur fond des îles d'Aran, retour de pêche dans le petit port de Rossaveel un soir de novembre.

p. 236-237 Corse. Mouillage pour une nuit dans la baie de Saint-Florent sur fond de tour génoise.

p. 238-239 Bretagne. Le talent des ligneurs permet à ce type de pêche de survivre correctement malgré les décisions de Bruxelles... mais à quel prix !

p. 240-241 En route. Ce chalutier a quitté en fin de journée Concarneau pour une campagne de deux semaines sur ses lieux de pêche en mer d'Irlande.

p. 242-243 Polynésie. Dès leur naissance, ces enfants sont au contact de leur élément naturel, la mer.

p. 244-245 Tahiti. Ce surfeur de la plage de Tamata s'extrait de l'écume après avoir subi la mer.

p. 246-247 Sillage. Durant des décennies, la couronne d'Angleterre interdisait la pêche sur les côtes irlandaises. Aujourd'hui, cette activité est exportatrice vers la France et l'Espagne.

p. 248-249 Marée noire. Le 20 décembre 1999, les premières nappes de pétrole de l'*Erika* s'approchent de Belle-Île. Dans les yeux de ce fou de Bassan, se devine un cri de détresse.

p. 250 et 255 Traits de côtes.

p. 251-254 Bay of Islands. Le trois-mâts goélette *Shenandoah* est venu fêter ici son premier siècle de navigation autour du monde. Son propriétaire, le capitaine et l'équipage ont laissé, après de longs mois autour de la Nouvelle-Zélande, une éternelle empreinte.

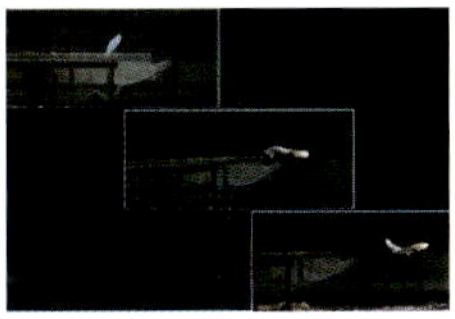

p. 256-257 Rivière d'Auray. Du haut de son perchoir, l'aigrette surveille ses proies.

p. 260-261 Surcouf. Le cotre corsaire *Le Renard* au mouillage sous la tour Solidor à Saint-Malo. Reconstruit à l'identique pour le grand rassemblement de Brest 1992, il fut à son époque commandé par Surcouf.

p. 262-263 *HMS Rose*. C'est aujourd'hui une reproduction, à l'identique, d'une frégate royale du xviiie siècle, une figure dans l'histoire des États-Unis. On peut la croiser dans les eaux du Maine et du Rhode Island.

p. 264-265 École navale. Les élèves officiers de la Marine chilienne saluent, à leur manière, les milliers de Français massés tout au long de la Seine lors du rassemblement des Grands Voiliers organisé par la ville de Rouen.

p. 266-267 Norvège. Le très élégant trois-mâts *Statsraad Lehemkuhl* construit en 1914 est aujourd'hui un navire-école privé.

p. 268-269 Misainier. Le beaupré du *Belem*, suspendu entre ciel et mer, regarde passer le canot à misaine du bord.

p. 270-271 Aujourd'hui classé monument historique, le *Belem* bénéficie de soins particuliers. Il n'en est qu'à son premier siècle. Notre dernier trois-mâts à phares carrés peut encore parcourir bien des milles.

p. 272-273 Belem. Fin octobre 1995, le *Belem* est de retour en Atlantique après un de ses stages d'été méditerranéen. Au large de Belle-Île, haut et fort sur la lame, il retrouve la noblesse de ses campagnes au long cours.

p. 274 et 279 Calfatage. Le *Belem* porte les traces du travail des hommes qui effacent chaque jour celui du temps.

p. 275-278 Hivernage. Sur un continent de mer sans rive ni estuaire, le *Belem* remonte la Loire pour passer l'hiver à Nantes, son port d'attache depuis un siècle.

p. 280-281 Brest 2000. La mer d'Iroise s'est tachetée de virgules blanches. L'Armada fait route sur Douarnenez, le port qui imagina les grands rassemblements des bateaux de travail de notre patrimoine.

p. 282 et 283 Gréement. La grande récitation des manœuvres par tous les temps et du souffle permanent dans la toile.

p. 284-285 Sous le vent. Quel spectacle merveilleux, de se faire passer au vent par un trois-mâts à barque toutes voiles dessus.

p. 286-287 Rouen. Avec les grands rassemblements populaires organisés sur son littoral, la France a renoué, dans une certaine mesure, avec ses traditions maritimes.

p. 288-289 Pasajes. À 25 km de la frontière française, au fond d'un goulet protégé, ce port avec 5 km de quai peut accueillir des bâtiments de 200 m de long mais ne dépassant pas 10 m de tirant d'eau. Un trafic important dans un espace si peu approprié.

p. 290-291 Brume. Le cauchemar du marin. Lorsque le soleil amorce une percée de la couche, l'espoir de revoir enfin l'horizon renaît.

p. 292-293 Golfe du Morbihan. L'île de Boëdic, à la sortie de la rivière de Vannes, fait partie des 365 îles visibles à basse mer comme le veut la légende. Son propriétaire ostréiculteur rentre de la marée.

p. 294-295 La Rance. Ce caseyeur remontant la Rance un matin d'automne perçoit la malouinière de Jean-Baptiste Charcot, le célèbre explorateur qui fit construire son *Pourquoi Pas ?* dans un chantier de Saint-Malo.

p. 296-297 Corps-mort. Un des charmes de la Bretagne est tous ces corps-morts dans les abers, les golfes et les rivières où les annexes surveillent sagement le retour de leur propriétaire.

p. 298 et 303 Plage du Men-Du à La Trinité-sur-Mer.

p. 299-302 Islay. À l'extrême sud-ouest de l'Écosse, cette île, avec ses neuf distilleries, est la capitale du pur malt. Au sud, le phare de Rinns of Islay est visible depuis la Chaussée des Géants en Irlande du Nord.

p. 304-305 Patagonie. Sous l'influence des dépressions qui se succèdent à l'extrême sud du Chili, le canal de Beagle s'illumine entre les nuages.

p. 306-307 Îles de Glénan. Cet archipel est considéré comme l'atoll de la Bretagne. Ici fut créée la plus réputée des écoles de voile. Le phare de l'île aux Moutons fut habité par les célèbres époux Quéméré et leurs onze enfants.

p. 308-309 Penmarch. Le fastueux phare d'Eckmühl, haut de 65 mètres, fut construit en 1897 grâce à des fonds privés, à la mémoire du maréchal napoléonien du même nom dont la statue trône au rez-de-chaussée.

p. 310-311 Tasmanie. La baie de Sullivan qui annonce l'entrée du port de Hobart, est jonchée de caps et de fjords. Ici, tous les ans fin décembre, est jugée l'arrivée de la célèbre course à la voile Sydney-Hobart.

p. 312-313 Baie. Du cap Sizun à Penmarch, sur 10 km, la baie d'Audierne offre un ensemble unique de bas marais et de lagunes, séparés de la houle par un cordon de dunes. Trois cents espèces d'oiseaux nichent ou font une étape migratoire sur ce site.

p. 314-315 La Trinité-sur-Mer. Le berceau de l'huître plate est depuis cinquante ans l'exemple d'un développement harmonieux entre une ostréiculture structurée et la Mecque légendaire de la voile en France.

p. 316-317 Ploumanac'h. *Loustic* sort en pêche, respectant le balisage du chenal aux abords mal pavés.

p. 318-319 Cardinal nord. Les gens de mer ont imaginé un code international pour prévenir les écueils et indiquer les eaux saines.

p. 320-321 Au cœur des marais salants, tout près du parc naturel régional de Camargue, le phare de Faraman, fier de ses 110 ans et de ses 47 mètres, porte son faisceau à plus de 50 km sur l'horizon.

p. 322 et 327 Voir légende p. 323-326.

p. 323-326 Marée. Pleine mer et basse mer sur un havre de paix : Saint-Briac. Au cœur de la Côte d'Émeraude, cet ancien port de pêche respire au rythme des marées et nous offre deux spectacles par jour. Ici, les 700 bateaux au mouillage, grimpent et retombent de 13 mètres les jours de grands coefficients.

p. 328-329 Bout du monde. À 10 milles du main land, sur l'île Maatsuyker, un caillou au sud du continent australien, le phare est toujours habité. À cette latitude des 40es hurlants, on retrouve les conditions météo du cap Horn.

p. 330-331 Skellig. Dans le comté de Kerry, une pyramide rocheuse émerge à 215 mètres au-dessus de l'océan et protège un invincible monastère du VIe siècle. Son phare, reconstruit en 1967, porte à 27 milles.

p. 332-333 Patagonie. Le glacier italien est la plus spectaculaire des cascades de glace des canaux de Patagonie. *La Jeanne* donne ici une excellente échelle du panorama.

p. 334-335 Saint-Nazaire. Un supertanker dégage le terminal pétrolier après avoir cédé sa cargaison. Son tirant d'air et son tirant d'eau imposent au pilotage de Loire un appareillage à la bonne hauteur d'eau.

p. 336-337 Corse. Un pointu rentre au petit matin de la pêche dans ce petit port du cap Corse, au nord de Bastia. La vente sera réservée aux locaux d'abord.

p. 338-339 Raiatea. La baleinière hebdomadaire vient de prendre les passes pour se mettre à quai et débarquer ses passagers et l'avitaillement en provenance de Papeete.

p. 340-341 Venise. La Royale affectionne particulièrement les escales à Venise. L'accueil par les autorités maritimes locales est très soigné. Pour les équipages, c'est une case de cochée dans la longue liste des escales mythiques, un séjour inoubliable.

p. 342-343 Sardine. La pêche à la senne est toujours pratiquée par les armements de Quiberon ou de La Turballe comme ici au large de Belle-Île.

p. 344-345 Japon. Tsukiji Ichiba à Tokyo est le plus grand marché aux poissons du monde. Plus de 2 500 tonnes de poissons sont traitées chaque jour, excepté le dimanche. La vente aux enchères débute à 4 heures du matin.
À 5 heures 30 tout est vendu.

p. 346 et 351 Mailles. Les filets sont régulièrement débarqués en fonction du calendrier des pêches et des travaux de remaillage.

p. 347-350 Île d'Arran. À l'embouchure de la rivière Clyde, l'île d'Arran est, à elle seule, un condensé de toutes les atmosphères de l'Écosse.

p. 352 et 353 Voiles légères. Jamais la voile n'a connu une telle mutation avec l'arrivée de nouveaux matériaux et de nouveaux concepts depuis les années 1970.

p. 354-355 Route du Rhum. Née en 1978 d'une idée de Michel Étevenon, un homme de communication, cette transatlantique de Saint-Malo à Pointe-à-Pitre est devenue, en vingt-cinq ans, la référence absolue de la course au large, mais à quel prix ! Dès la première édition, Alain Colas disparaît en mer. En 1986, Loïc Caradec sur son maxi-catamaran *Royale* chavire et ne sera pas retrouvé. Ici, au départ de l'édition 1989, Laurent Bourgnon en tête impose déjà le rythme, mais c'est Florence Arthaud qui créera la surprise à l'arrivée aux Antilles françaises.

p. 356-357 Passionnés. Ils se retrouvent sur les plans d'eau à toutes les saisons, quitte à subir dans le froid, l'onglée, les grains et les dépressions de l'hiver.

p. 358-359 Australie. La Coupe de l'America 1987 a vu la première participation de Marc Pajot avec son twelve *French Kiss*. Le plan d'eau de Perth reste, à ce jour, le plus photogénique de l'histoire de la Coupe de l'America.

p. 360-361 Martinique. Les régates de yoles rondes sont des spectacles hauts en couleur aussi bien sur le plan d'eau qu'à terre. Les spectateurs, ici, ont la possibilité de parier sur ces funambules.

p. 362-363 Class J. *Velsheda* sorti de la Hamble, après vingt-cinq ans d'immobilisation et de manque de soin, tire ses premiers bords d'une nouvelle vie dans la baie de Douarnenez en juillet 1988. Les départs au lof de ces monstres de toile sont toujours spectaculaires.

p. 364-365 Philippe Jeantot. Le tour du monde est devenu sa raison de vivre. Vainqueur à deux reprises du BOC, il rêve d'une course qui parte de son port d'attache, Les Sables-d'Olonne, pour revenir aux Sables, sans escale et en solitaire autour du globe. Le Vendée Globe est né. Pour la première édition en 1989, il est organisateur et coureur à bord de son *Crédit Agricole*, le quatrième du nom. Son partenariat avec cette grande banque est un exemple d'harmonie dans l'histoire du sponsoring.

p. 366-367 Auckland. Le défi français pour la Coupe de l'America *6e Sens* s'entraîne au large de sa base de Lorient avant de retrouver, aux antipodes, les onze autres challengers de la Louis Vuitton Cup 2000 en baie d'Auraki en Nouvelle-Zélande.

p. 368-369 San Diego 1992. Thanksgiving, le vent souffle exceptionnellement à plus de 30 nœuds ce jour de fête nationale. Marc Pajot et Philippe Briand, l'architecte de Ville de Paris, ne sont pas résolus à sortir. Au bout d'une heure de discussion, convaincus par le photographe que les conditions sont exceptionnelles, ils acceptent de tirer un seul bord au large de Mission Bay. Merci à Marc et à son équipage, cette image leur appartient.

p. 370 et 375 Class America. Au prestigieux 12M JI a succédé en 1990 une nouvelle vision de la Coupe de l'America. Avec les Class America, les équipages ont dû réapprendre à maîtriser des surfaces de voile monumentales.

p. 371-374 Île de Wight. C'est autour de cette île en 1851 que s'est courue la première Coupe de l'America. La légende veut qu'il y eût, aux yeux de la reine Victoria qui assistait au spectacle depuis son château d'Osborne, un vainqueur mais pas de second. En août 2002, le prestigieux *Royal Yacht Squadron* organisa, pour le Jubilee, avec le soutien de Louis Vuitton, la plus belle fête de l'histoire de la voile moderne.

p. 376-377 Ce Néo-Zélandais a tout gagné ; la Whitbread (course autour du monde en équipage), la Coupe de l'America en 1995 et 2000, le Trophée Jules Verne sur *Enza*, dans le sillage d'Olivier de Kersauson. Peter Blake a été assassiné en décembre 2001 par des pirates, alors qu'il effectuait une expédition sur l'Amazone à bord du *Seamaster*.

p. 378-379 « Toutes mes émotions sont liées à la mer, et mes chagrins aussi. » Frère cadet de l'amiral Yves de Kersauson, Olivier, comme beaucoup de garçons de sa génération, a tiré ses premiers bords à La Trinité-sur-Mer. Pour son service militaire en 1964 il a la chance, comme il aime le répéter, de rencontrer Éric Tabarly. Durant dix ans, il sera son fidèle lieutenant, avant de faire une carrière exceptionnelle de navigateur.

p. 380-381 L'hydroptère. Éric Tabarly en a rêvé, Alain Thébault l'a fait... Un défi technologique soutenu par Alstom.

p. 382-383 Les frères Peyron : Bruno est en 1993 le premier (79 jours) et en 2002 le dernier (64 jours) détenteur du Trophée Jules Verne. Loïc, avec le temps, est devenu le skipper le plus doué et le plus titré du monde des multicoques océaniques. Stéphane fait encore le tour du monde en images pour témoigner des merveilles de la terre.

p. 384-385 Philippe Poupon. « Un homme, un bateau, l'océan », c'est la définition de la Transat anglaise qu'il remporta en 1995 mais il fut aussi vainqueur, entre autres, de la Route du Rhum, de la course du Figaro et de la traversée de l'Atlantique à la voile. Le plus brillant skipper de sa génération a pris aujourd'hui son grand départ à bord de *Fleur australe*, un voyage au long cours pour le bonheur d'être en mer.

p. 386-387 Grand Prix. Non contents de traverser l'Atlantique à la vitesse d'un ruban bleu, les multicoques océaniques se rassemblent, à l'initiative de l'ORMA, pour régater comme des dériveurs entre trois bouées. Un spectacle à couper le souffle.

p. 388 La Coupe de l'America 2000. Dans les soixante premières secondes de la première manche, *Black Magic Defender* pour la Nouvelle-Zélande révèle au challenger italien *Prada*, finaliste de la Louis Vuitton Cup, qu'il ne doit pas se faire d'illusion. La Coupe, pour la première fois de son histoire, demeurera à Auckland en attendant un adversaire plus sérieux en janvier 2003.
p. 389 Dans la famille des classes internationales, le 8M JI est incontestablement le plus élégant. Ici, la garde-robe d'*Hispania*, l'ancien bateau du roi d'Espagne, caresse les risées.

p. 390-391 Grain. En automne, lorsque les grains habillent la flotte des régatiers, c'est la poésie du pointillisme qui prend le dessus.

p. 392-393 Nioulargue. La baie de Saint-Tropez fut, pendant douze ans, le théâtre des plus belles rencontres de la voile classique et moderne pour le bonheur des gens d'images car il n'y a malheureusement pas de tribune en mer pour partager ce spectacle. Merci à Patrice de Colmont et à ses amis d'avoir mis en scène ces rendez-vous d'automne.

p. 394-395 Sir Thomas Lipton. Shamrock V, premier vrai Class J de l'histoire, le dernier yacht de course de l'empereur du thé, participa au large de Newport à la Coupe de l'America de 1930. Aujourd'hui il a retrouvé, grâce à la passion d'Elisabeth Meyer, ses références d'origine après un chantier de réhabilitation titanesque.

p. 396-397 Tu as ouvert cet album de photos, je te laisse le refermer. Merci Éric.

Dans son discours académique pour la célébration
du bicentenaire de la naissance de Victor Hugo,
mon ami Bertrand Poirot-Delpech pose cette question :

« Sans le train de vagues salées qui ceinture la planète,
sans leur houle affolante et douce,
que serait la vie, je vous le demande ? »

La réponse se trouve dans les dernières lignes
des *Travailleurs de la mer* :

« Sans eau, le globe ne serait que le crâne nu
d'une tête de mort énorme roulant dans le ciel ! »

Emprunter à la MER ce qu'elle a de plus beau,
c'est, au quotidien, l'exercice audacieux et sublime
du photographe Peintre de la Marine.
Mais aller jusqu'à voler ces trois lettres magiques
pour en faire le titre de cet ouvrage, c'est abusif !
J'espère que la MER ne me le fera pas payer trop cher…

Ce titre a été voulu par des terriens qui ne connaissent
rien à nos superstitions de marins et au respect
que nous avons pour la Mer.
Oser soutenir que les 412 pages
que vous venez de tourner illustrent
ce qu'est la vie « avec la Mer » serait indécent.

Modestement et au risque de me répéter,
certaines images plus que d'autres
portent leur poids de tendresse, d'émotion ou de rêve.
Je les ai réunies dans cet album de photos,
désirant partager avec celui qui les découvrira
non seulement le regard des yeux,
mais aussi celui du cœur.
Photographiquement vôtre.
Philip Plisson

Un grand merci à :
La Mer.
Hervé de La Martinière, qui a désiré cet ouvrage.
Michel Buntz, mon ami et complice, qui m'a soutenu dans cette aventure.
Benoit Nacci qui a sélectionné 250 images parmi les 1 500 que je lui ai proposées.

La Marine nationale, officiers généraux, officiers, officiers mariniers et équipages,
qui m'ont si bien accueilli à bord de leurs unités, afin de garder la mémoire de nos traditions.
Daniel Manoury et Éric Oger, mes pilotes d'hélicoptère,
qui par tous les temps et avec talent m'ont conduit au cœur des éléments.
Didier Blaque-Belaire, directeur de la communication de la Caisse nationale du Crédit Agricole,
qui depuis les années 1980 m'a donné les moyens d'aller jusqu'au bout de mes rêves.
Le Govic, mon imprimeur et graveur
qui le premier a cru à mes images et nous a donné les moyens de créer une collection.
Christophe Le Potier, mon assistant, qui gère l'ingérable avec habileté et sérénité.
Les Éditions Pêcheur d'Images, tout l'équipage, qui depuis La Trinité assure la diffusion de mes images
et la gestion de ma photothèque.
Les Éditions de La Martinière, Céline, Barbara, Sophie, Isabelle, Cécile, toutes ces talentueuses femmes
qui ont collaboré de près à cet ouvrage.
Thalassa, Georges Pernoud et toute son équipe qui, depuis vingt-cinq ans, entretiennent toutes les semaines nos rêves de mer.
Météo France, l'équipe de prévisionnistes de la météo marine,
qui depuis Toulouse m'aide à anticiper pour être au rendez-vous avec la nature.
Guillaume, mon fils, qui partage depuis dix ans la même passion.
Marie-Brigitte, mon épouse, sans qui rien de tout cela ne serait.
Toutes mes excuses à :
Tous ceux et celles, que j'ai oubliés, qui méritaient certainement d'être cités.

Les images de Philip Plisson sont distribuées par
les Éditions Pêcheur d'Images et sur le site www.plisson.com.
Contact : philip@plisson.com

Toutes les photographies reproduites dans ce livre sont de Philip Plisson à l'exception
des pages 160-161, 214-215, 352 et 353, 356-357, 386-387, qui sont de Guillaume Plisson.

Toutes les images de Philip Plisson sont réalisées depuis vingt ans avec du matériel Canon, boîtiers et objectifs EOS
et les images panoramiques avec la chambre 6 x 17 Fuji. Le film généralement utilisé est le Fuji Velvia (50 ISO).

Écriture visuelle : Benoit Nacci
Maquette : Valérie Roland

Achevé d'imprimer en juillet 2009
sur les presses de Tien Wah Press
ISBN : 978-2-7324-3946-4
Dépôt légal : août 2009
Imprimé à Singapour